Inhalt

Arbeitsrecht für Führungskräfte - aktuelle Rechtsprechungen

Kernthesen

Beitrag

Fallbeispiele

Weiterführende Literatur

Impressum

Arbeitsrecht für Führungskräfte - aktuelle Rechtsprechungen

I.Lukmann

Kernthesen

- Das Allgemeine Gleichbehandlungsgesetz (AGG) ist ein neues Antidiskriminierungsgesetz zum Schutz von Arbeitnehmern. Besonders wichtig dabei ist der Paragraf 22, welcher die Verteilung der Beweislast zwischen Arbeitnehmer und Arbeitgeber in Zukunft regeln soll.
- Eine vertraglich vereinbarte Pflicht zur Leistung von Mehrarbeit hat Grenzen. Die Regelungen des Arbeitszeitgesetzes sehen

vor, dass bei einem wöchentlichen Durchschnitt von 48 Stunden darüber hinaus keine Überstunden vom Arbeitnehmer mehr geleistet werden dürfen. Missachtet der Arbeitgeber diesen Grenzwert, kann er sich strafbar machen.
- Als Low Performer werden Arbeitnehmer bezeichnet, die in der Regel hinter den Leistungen der Kollegen zurückbleiben. Das Arbeitsrecht hat Bestimmungen definiert, nach denen Low Performer gekündigt werden können. Der Nachweis hierfür ist jedoch sehr schwierig und richtet sich im Wesentlichen nach den Inhalten des Arbeitsvertrages.

Beitrag

Das Arbeitsrecht der Bundesrepublik Deutschland regelt das Arbeitsverhältnis zwischen Arbeitgebern und Arbeitnehmern. Dies vor allem im Hinblick auf die Gestaltung des Arbeitsvertrages. Im Verlauf des Arbeitsverhältnisses gibt es immer wieder Unstimmigkeiten zwischen den Vertragsparteien. Die folgenden Rechtsprechungen zeigen auf, in welchen Fällen Führungskräfte vor problematische rechtliche Fragestellungen gestellt werden.

Aktuelles aus dem Arbeitsrecht

Thema: Ankündigung einer Versetzung

Eine Versetzung kann vom Arbeitgeber aus betrieblichen Gründen angeordnet werden. Diese kann jedoch nicht nur eine örtliche Veränderung, sondern auch hinsichtlich Umfang und Art der Tätigkeit bedeuten. Führungskräfte können anhand des Arbeitsvertrages abschätzen, ob eine Versetzungsmöglichkeit gegeben ist. Das so genannte Direktionsrecht des Arbeitgebers wird jedoch umso mehr eingeschränkt, je detaillierter ein Arbeitsvertrag den Umfang und Inhalt einer Tätigkeit festlegt. Ist der Dienstort des Arbeitnehmers vertraglich geregelt, hat die Führungskraft keine Versetzungsmöglichkeiten. Zusätzlich ist im Falle einer örtlichen bzw. inhaltlichen Versetzung von Arbeitnehmern der Arbeitgeber angehalten, diejenigen Mitarbeiter auszuwählen, die durch eine solche Versetzung die wenigsten Nachteile haben. Die Führungskraft sollte außerdem beachten, dass ein vorhandener Betriebsrat im Falle einer Versetzung mitbestimmungspflichtig ist. Diese gilt für Versetzungen die länger als einen Monat dauern oder eine wesentliche Änderung der inhaltlichen Tätigkeit des Arbeitnehmers bedeuten. (2)

Thema: Das Allgemeine Gleichbehandlungsgesetz (AGG)

Das Allgemeine Gleichbehandlungsgesetz (AGG) ist ein neues Gesetz zum Schutz vor Diskriminierung aufgrund religiöser, ethnischer oder geschlechtsspezifischer Zugehörigkeit. Das neue Gesetz erfordert eine besondere Aufmerksamkeit von Seiten der Arbeitgeber. Dies gilt vor allem im Hinblick auf mögliche Gerichtsverfahren. Im Paragrafen 22 ist geregelt, wie in einem solchen Falle die Beweislast auszusehen hat. Dieser Vorschrift zufolge wird die Beweislast in Zukunft unter folgenden Bedingungen umgekehrt: Der Arbeitnehmer kann demzufolge so genannte Sachverhaltshinweise benennen (wie beispielsweise Indizien) die eine Benachteiligung des Arbeitnehmers auf der Grundlage allgemeiner Lebenserfahrung nachweisen. Die Argumente werden in der Gesamtheit betrachtet und in dem Falle, dass diese Gründe als ausreichend betrachtet werden, kommt die so genannte Beweislastumkehr zum Tragen. Dies bedeutet, dass nunmehr der Arbeitgeber die Beweislast trägt. Die genannten Vorwürfe müssen von dem Arbeitgeber anschließend entkräftet werden.

Er muss nachweisen können, dass die beanstandete Verhaltensweise keine Diskriminierung des Arbeitnehmers darstellt. Der Vorteil dieser Beweislastverteilung liegt zunächst beim Arbeitnehmer, da er für seine Behauptungen lediglich Vermutungstatsachen zusammentragen muss. Dahingegen kann der Arbeitgeber die Vorwürfe nur in vollem Umfang entkräften, wenn er die vollständigen arbeitsrechtsrelevanten Prozesse zwischen sich und dem Arbeitnehmer lückenlos und ordnungsgemäß dokumentiert hat. Derzeit ist in den wenigsten Fällen das Tagesgeschäft von Arbeitgebern in diesem Sinne organisiert, sodass eine eventuelle Beweisführung in dem genannten Umfang erschwert wird. In der Praxis bedeutet dies, dass Arbeitgeber die betrieblichen Abläufe auf diskriminierungsrelevante Sachverhalte hin überprüfen und gegebenenfalls an die neuen Anforderungen aus dem Gesetz anpassen sollten. (3), (6)

Thema: Anspruch auf eine Vollzeitstelle

Teilzeitkräfte haben Anspruch auf eine Vollzeitstelle, wenn im betreffenden Unternehmen eine Vollzeitstelle, für die der betreffende Mitarbeiter geeignet wäre, frei ist. Voraussetzung ist, dass sich die Teilzeitarbeitskraft für die Aufstockung der eigenen Arbeitszeit interessiert. Besetzt der Arbeitgeber die Stelle mit einem anderen Arbeitnehmer, kann die Teilzeitarbeitskraft dagegen klagen und Schadenersatz fordern. (4)

Thema: Anspruch auf Resturlaub

Das Bundesurlaubsgesetz sieht vor, dass Resturlaub aus dem Vorjahr nur unter bestimmten Bedingungen im Folgejahr genommen bzw. ausbezahlt werden kann. Generell bezieht sich der Urlaubsanspruch auf das betreffende Kalenderjahr. Das heißt, dass der Urlaub verfällt, wenn er nicht bis zum 31.12. genutzt worden ist. Die Übertragung in das kommende Jahr kann demnach nur unter bestimmten Voraussetzungen erfolgen. Dies trifft dann zu, wenn aus betrieblichen oder personenbedingten Gründen der Urlaub nicht genommen werden konnte. Das heißt, dass nur bei einem besonders hohen Arbeitsanfall oder durch die krankheitsbedingte Abwesenheit eines Kollegen, die restlichen Urlaubstage nicht genommen werden konnten. Treffen die genannten Gründe zu, muss der Arbeitnehmer seinen übertragenen Urlaub bis spätestens zum 31.03. des Folgejahres genommen haben. Das Bundesurlaubsgesetz sieht grundsätzlich vor, dass Arbeitnehmer ihren gesetzlich vorgeschriebenen Mindesturlaub zeitnah nehmen sollen. Dieser ist dazu da, die Erholung und Wiederherstellung der Arbeitskraft des Arbeitnehmers sicherzustellen. Daher geht die finanzielle Auszahlung des Resturlaubs laut Bundesurlaubsgesetz ebenfalls nicht. Es sei denn, dass der Urlaub wegen der Beendigung des Arbeitsverhältnisses vom Arbeitnehmer nicht mehr genommen werden kann. (5)

Thema: Schlechtleistung Low Performer

Arbeitnehmer, die in der Regel hinter den Leistungen der Kollegen zurückbleiben, werden als Low Performer bezeichnet. Arbeitgeber fragen sich häufig, ob Schlechtleister ohne weiteres gekündigt werden können. Hierzu hat das Arbeitsrecht klare Regeln definiert. Für eine mögliche Kündigung sind die Inhalte des Arbeitsvertrages ausschlaggebend. Tatsächlich genügt es nicht, dass der Mitarbeiter nicht ganz so effizient wie seine Kollegen arbeitet, um ihm zu kündigen. Schlechtleistung wird dann arbeitsrechtlich relevant, wenn die Leistung des Arbeitnehmers so ungenügend ist, dass die Inhalte des Arbeitsvertrages als nicht mehr erfüllt gelten. Die

Verpflichtung des Arbeitnehmers liegt alleinig in der Erfüllung des Arbeitsvertrages. Sind in dem Vertrag daher Inhalte hinsichtlich Qualität und Menge definiert, kann eine Schlechtleistung einfach festgestellt werden. In der Regel werden in Arbeitsverträgen jedoch fachspezifische Leitungen grob definiert. Eine unterdurchschnittliche Leistung ist daher schwer mess- und nachweisbar. (7), (9)

Thema: Personalabbau

Die Sozialauswahl bei betriebsbedingten Kündigungen gestaltet sich häufig sehr schwierig. In der Regel erarbeiten Arbeitgeber so genannte Punktetabellen, nach denen die sozial Stärksten nach Kriterien wie zum Beispiel Dauer der Betriebszugehörigkeit, Lebensalter, Unterhaltspflichten und Schwerbehinderung, identifiziert werden. Der Arbeitgeber ist dazu verpflichtet, im Sinne dieser Vorgaben die Auswahl unter vergleichbaren Mitarbeitern zu treffen. Der Arbeitgeber sollte darauf achten, dass er dabei keinen Fehler macht. Der Arbeitnehmer kann auf Unwirksamkeit der Kündigung klagen, wenn bei nur einem Mitarbeiter in der Berechnung der Punktezahl ein Fehler unterlaufen ist. In diesem Fall sind alle Kündigungen aus dem vergleichbaren

Mitarbeiterstamm unwirksam. Dies gilt laut Bundesarbeitsgericht jedoch nicht, wenn durch eine falsche Berechnung ein Mitarbeiter nicht gekündigt worden ist. In diesem Falle kann der vergleichbare Mitarbeiterstamm nicht auf Unwirksamkeit der Kündigung klagen. (8)

Thema: Mehrarbeit

In Deutschland werden jährlich etwa 1,5 Milliarden Überstunden geleistet. Arbeitnehmer haben jedoch nur dann Anrecht auf eine Vergütung ihrer Überstunden, wenn diese vom Arbeitgeber explizit angeordnet worden sind. Arbeitgeber können jedoch beispielsweise nur dann Überstunden anordnen, wenn ein anderer Mitarbeiter krank oder im Urlaub ist. Der Arbeitgeber hat also dafür zu sorgen, dass für die im Unternehmen anstehende Arbeitsmenge genügend Mitarbeiter beschäftigt sind. Allerdings kann der Arbeitgeber, wenn ihm bekannt ist, dass häufiger Überstunden notwendig sind, eine entsprechende Verpflichtung zur Mehrarbeit vertraglich festlegen. Dennoch kann auch ohne eine solche Vereinbarung im Sinne der Treuepflicht der Arbeitnehmer in den oben genannten Sonderfällen zur Mehrarbeit verpflichtet sein. Die vertraglich vereinbarte Pflicht zur Leistung von Überstunden hat jedoch ihre Grenzen, die in den Arbeitszeitgesetzen geregelt sind. Danach ist bei einem wöchentlichen Durchschnitt von 48 Stunden die Grenze erreicht. Bei allen darüber hinaus verlangten Überstunden macht sich der Arbeitgeber unter Umständen strafbar. (11)

Fallbeispiele

Die Europäische Kommission hat Ende November 2006 das so genannte Grünbuch vorgelegt. Das Grünbuch beinhaltet Lösungsansätze wie das nationale und europäische Arbeitsrecht auf die Herausforderungen des 21. Jahrhunderts reagieren kann. Vor allem die Ablösung von unbefristeten Arbeitsverträgen hin zu immer flexibleren Beschäftigungsformen wird in dem genannten Werk betrachtet. Die Europäische Kommission sieht darin eine notwendige Entwicklung. Nach Ansicht der Europäischen Kommission sollte dennoch das so genannte Flexicurity-Konzept, welches besagt, dass eine gewisse Arbeitsplatzsicherheit für den Arbeitnehmer gewährleistet werden muss, berücksichtigt werden. (1)

Weiterführende Literatur

(1) Grünbuch Arbeitsrecht
aus Europäische Zeitschrift für Wirtschaftsrecht, Heft 01/2007, S. 3

(2) Versetzung bedeutet nicht immer Ortswechsel
aus VDI NR. 01 VOM 05.01.2007 SEITE 20

(3) Fragen und praxisbezogene Antworten rund um das aktuelle Arbeitsrecht für Führungskräfte
aus Vermögen und Steuern 01 vom 02.01.2007 Seite 011

(4) Aktuelles aus dem Arbeitsrecht
aus Creditreform Nr. 01 vom 01.01.2007 Seite 054

(5) Augen auf beim Resturlaub
aus VDI NR. 50 VOM 15.12.2006 SEITE 32

(6) Fragen und praxisbezogene Antworten rund um das aktuelle Arbeitsrecht für Führungskräfte
aus Vermögen und Steuern 12 vom 01.12.2006 Seite 009

(7) Entscheidend ist, was im Arbeitsvertrag steht
aus VDI NR. 48 VOM 01.12.2006 SEITE 42

(8) Reduziertes Risiko für Arbeitgeber
aus FINANCE - Der Markt für Unternehmen und Finanzen Heft 12/01 vom 24.11.2006, Seite 076

(9) Neue Serie Arbeitsrecht: Abmahnung - welche

Reaktionsmöglichkeiten hat ein Arbeitnehmer?
aus PC-Welt Online, Meldung vom 15.11.2006

(10) Klarheit im internationalen Arbeitsrecht
aus Personal Nr. 11 vom 01.11.2006 Seite 052

(11) Treuepflicht hat Grenzen
aus VDI NR. 43 VOM 27.10.2006 SEITE 30

Impressum

Arbeitsrecht für Führungskräfte - aktuelle Rechtsprechungen

Bibliografische Information der deutschen Nationalbibliothek

Die Deutsche Nationalbibliothek verzeichnet diese Publikation in der deutschen Nationalbibliografie; detaillierte bibliografische Daten sind im Internet über http://dnb.d-nb.de abrufbar.

ISBN: 978-3-7379-0194-9

© 2015 GBI-Genios Deutsche Wirtschaftsdatenbank GmbH, Freischützstraße 96, 81927 München, www.genios.de

Alle Rechte vorbehalten. Dieses Werk ist einschließlich aller seiner Teile – z.B. Texte, Tabellen und Grafiken - urheberrechtlich geschützt. Jede Verwertung außerhalb der Grenzen des Urheberrechtsgesetzes bedarf der vorherigen Zustimmung des Verlags. Dies gilt insbesondere auch für auszugsweise Nachdrucke, fotomechanische Vervielfältigungen (Fotokopie/Mikroskopie), Übersetzungen, Auswertungen durch Datenbanken oder ähnliche Einrichtungen und die Einspeicherung und Verarbeitung in elektronischen Systemen.